xue xiao - Šola	2
lü xing - Potovanje	5
jiao tong yun shu - Prevoz	8
cheng shi - Mesto	10
di xing - Pokrajina	14
can guan - Restavracija	17
chao shi - Supermarket	20
yin liao - Pijače	22
shi wu - Hrana	23
nong chang - Kmetija	27
fang zi - Hiša	31
ke ting - Dnevna soba	33
chu fang - Kuhinja	35
yu shi - Kopalnica	38
er tong fang - Otroška soba	42
yi fu - Oblačilo	44
ban gong shi - Pisarna	49
jing ji - Gospodarstvo	51
zhi ye - Poklici	53
gong ju - Orodje	56
yue qi - Glasbeni instrument	57
dong wu yuan - Živalski vrt	59
ti yu - Šport	62
huo dong - Dejavnosti	63
jia - Družina	67
shen ti - Telo	68
yi yuan - Bolnišnica	72
jin ji qing kuang - Nujni primer	76
di qiu - Zemlja	77
zhong biao - Ura	79
zhou - Teden	80
nian - Leto	81
xing zhuang - Oblike	83
yan se - Barve	84
fan yi ci - Nasprotja	85
shu zi - Števila	88
yu yan - Jeziki	90
shei / shen me / zen yang - Kdo / kaj / kako	91
fang wei - Kje	92

AF194740

Impressum
Verlag: BABADADA GmbH, Nedderfeld 112 , 22529 Hamburg
Geschäftsführer / Verlagsleitung: Harald Hof
Druck: Books on Demand GmbH, In de Tarpen 42, 22848 Norderstedt

Imprint
Publisher: BABADADA GmbH, Nedderfeld 112 , 22529 Hamburg, Germany
Managing Director / Publishing direction: Harald Hof
Print: Books on Demand GmbH, In de Tarpen 42, 22848 Norderstedt, Germany

xue xiao

Šola

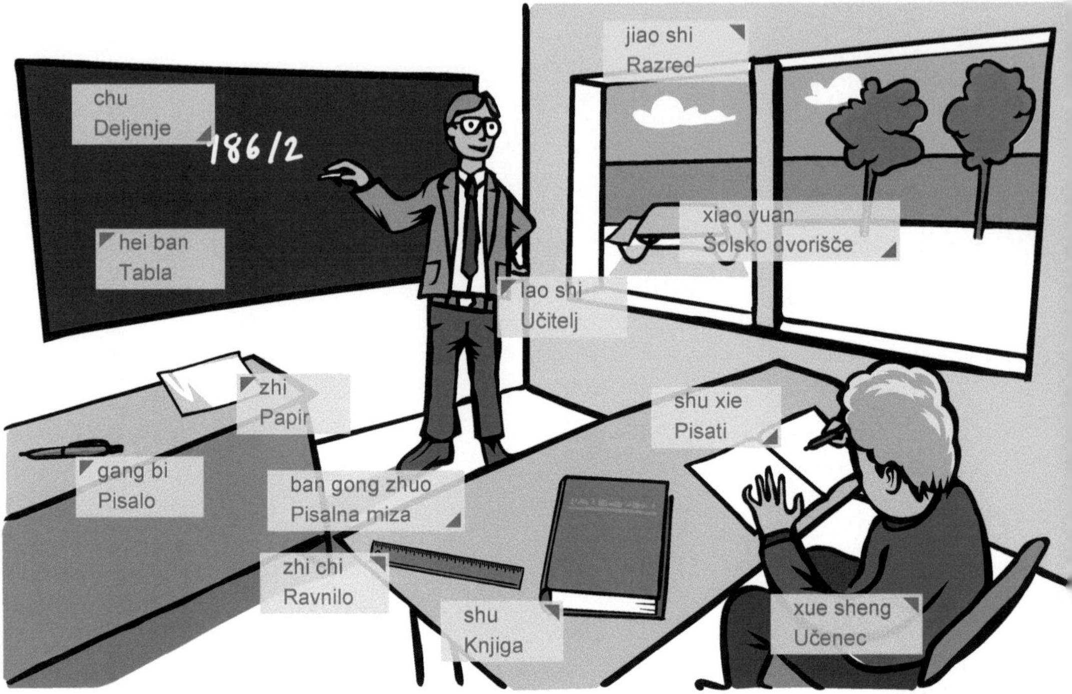

jiao shi
Razred
chu
Deljenje
186/2
hei ban
Tabla
xiao yuan
Šolsko dvorišče
lao shi
Učitelj
zhi
Papir
shu xie
Pisati
gang bi
Pisalo
ban gong zhuo
Pisalna miza
zhi chi
Ravnilo
shu
Knjiga
xue sheng
Učenec

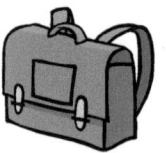

shu bao

Šolska torba

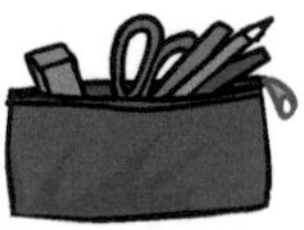

qian bi he

Peresnica

qian bi

Svinčnik

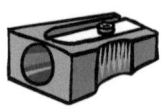

juan bi dao

Šilček

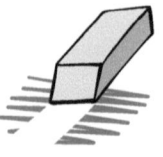

xiang pi ca

Radirka

hua ban

Risalni blok

tu hua

Risba

hua bi

Čopič

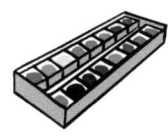

yan liao he

Vodene barvice

jian dao

Škarje

jiao shui

Lepilo

lian xi ce

Zvezek

jia ting zuo ye

Domača naloga

shu zi

Število

jia

Seštevanje

jian

Odštevanje

cheng

Množenje

ji suan

Računanje

zi mu

Črka

zi mu biao

Abeceda

zi

Beseda

ke wen

Besedilo

du

Brati

fen bi

Kreda

shang ke

Učna ura

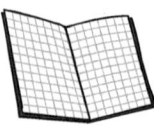

deng ji

Redovalnica

kao shi

Preizkus znanja

zheng shu

Spričevalo

xiao fu

Šolska uniforma

jiao yu

Izobrazba

bai ke quan shu

Enciklopedija

da xue

Univerza

xian wei jing

Mikroskop

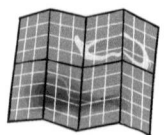

di tu

Zemljevid

fei zhi kuang

Koš za smeti

lü xing
Potovanje

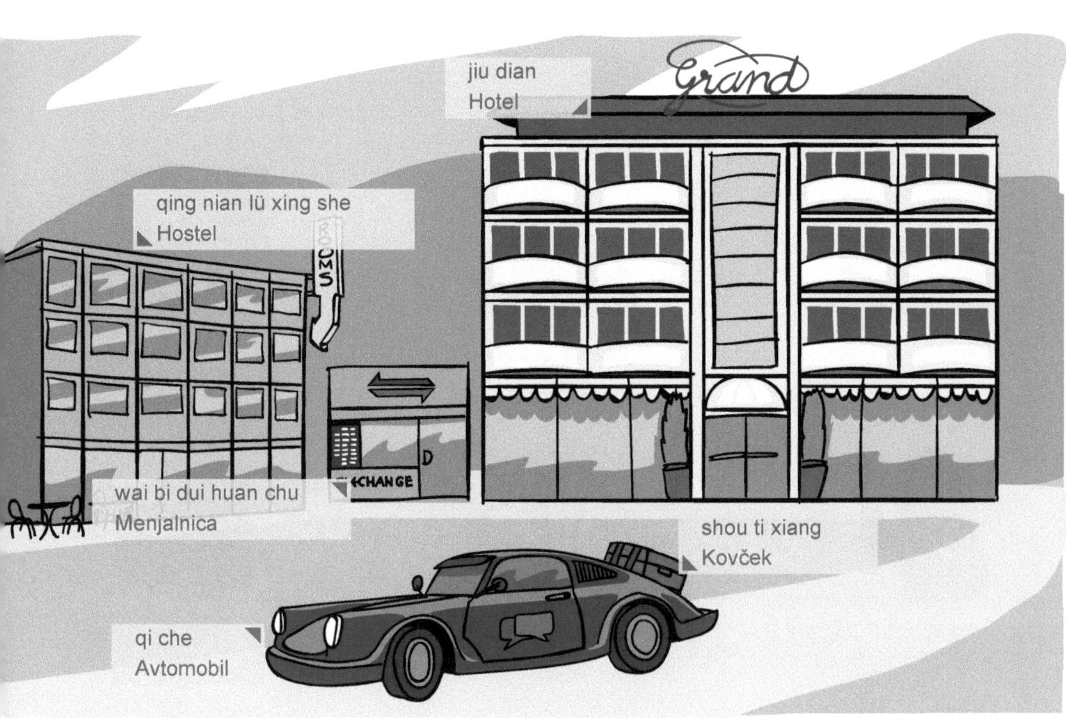
jiu dian
Hotel
Grand
qing nian lü xing she
Hostel
ROOMS
wai bi dui huan chu
Menjalnica
shou ti xiang
Kovček
qi che
Avtomobil

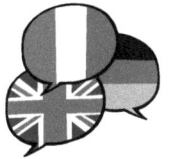

yu yan

Jezik

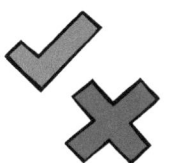

shi/fou

da / ne

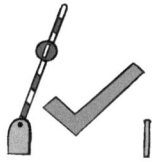

hao de

Prav

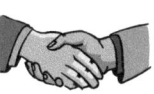

nin hao

Pozdravljeni

fan yi yuan

Prevajalec

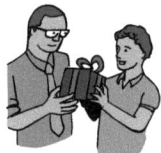

xie xie

Hvala

……duo shao qian?

Koliko stane…?

wo bu ming bai

Ne razumem

wen ti

Težava

wan shang hao!

Dober večer!

zao shang hao!

Dobro jutro!

wan an!

Lahko noč!

zai jian

Nasvidenje

fang xiang

Smer

xing li

Prtljaga

bao

Torba

shuang jian bao

Nahrbtnik

ke ren

Gost

fang jian

Soba

shui dai

Spalna vreča

zhang peng

Šotor

lü you xin xi

Turistične informacije

hai tan

Plaža

xin yong ka

Kreditna kartica

zao can

Zajtrk

wu can

Kosilo

wan can

Večerja

piao

Vozovnica

dian ti

Dvigalo

you piao

Znamka

bian jie

Meja

hai guan

Carina

da shi guan

Veleposlaništvo

qian zheng

Vizum

hu zhao

Potni list

jiao tong yun shu

Prevoz

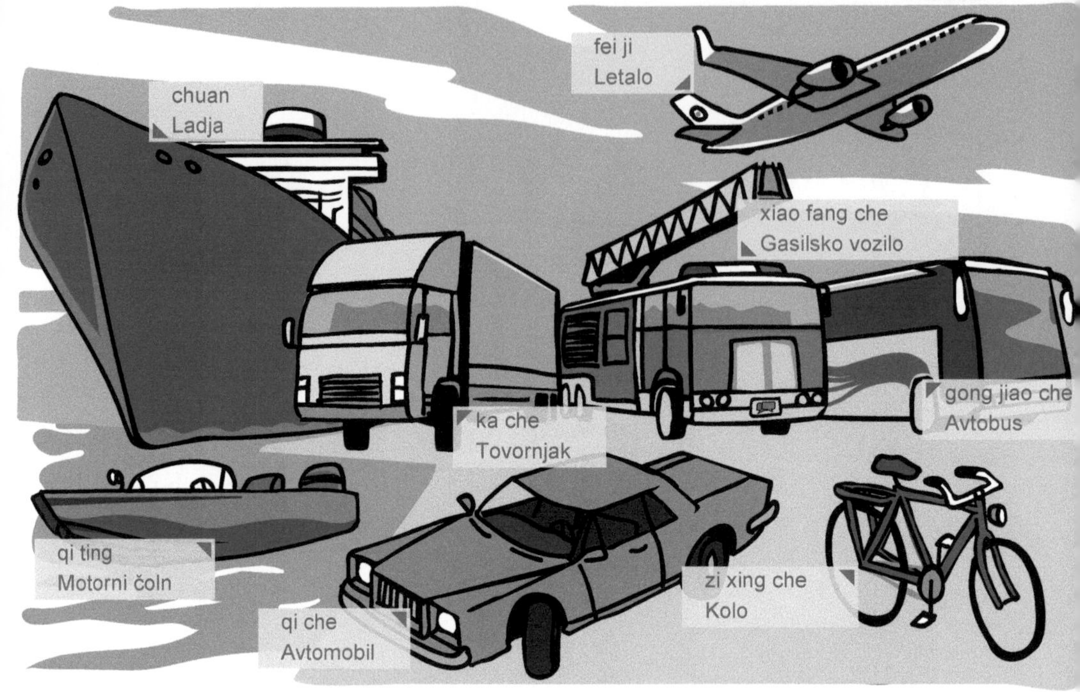

fei ji
Letalo
chuan
Ladja
xiao fang che
Gasilsko vozilo
gong jiao che
Avtobus
ka che
Tovornjak
qi ting
Motorni čoln
zi xing che
Kolo
qi che
Avtomobil

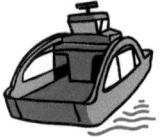

bai du chuan

Trajekt

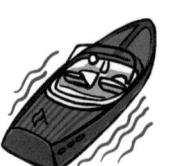

xiao chuan

Čoln

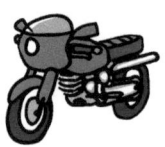

mo tuo che

Motorno kolo

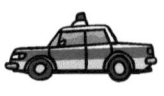

jing che

Policijski avto

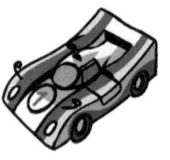

sai che

Dirkalni avto

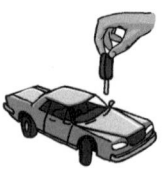

zu che

Najeto vozilo

pin che

Souporaba avtomobila

tuo che

Avtovleka

la ji che

Smetarsko vozilo

fa dong ji

Motor

qi you

Gorivo

jia you zhan

Bencinska postaja

jiao tong biao zhi

Prometni znak

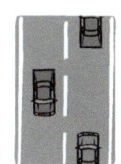

jiao tong

Promet

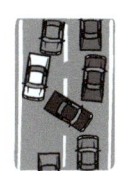

jiao tong du sai

Zastoj

ting che chang

Parkirišče

huo che zhan

Železniška postaja

gui dao

Tirnice

huo che

Vlak

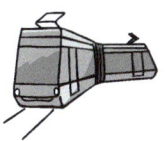

dian che

Tramvaj

huo che

Vagon

zhi sheng ji

Helikopter

ji chang

Letališče

ta

Stolp

cheng ke

Potnik

ji zhuang xiang

Kontejner

zhi ban xiang

Karton

shou tui che

Voziček

lan zi

Košara

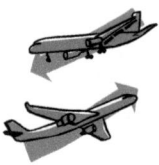

qi fei/jiang luo

vzleteti / pristati

cheng shi

Mesto

cun zhuang

Vas

shi zhong xin

Mestno jedro

fang zi

Hiša

dian ying yuan
Kino

guang gao
Reklama

lu deng
Ulična svetilka

jie dao
Ulica

chu zu che
Taksi

xiao chi dian
Kiosk

xing ren
Pešec

ren xing dao
Pločnik

shi zi lu kou
Križišče

ban ma xian
Prehod za pešce

la ji xiang
Smetnjak

hong lü deng
Semafor

CINEMA

xiao wu

Koča

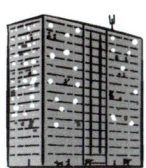

gong yu

Stanovanje

huo che zhan

Železniška postaja

shi zheng ting

Mestna hiša

bo wu guan

Muzej

xue xiao

Šola

da xue

Univerza

yin hang

Banka

yi yuan

Bolnišnica

jiu dian

Hotel

yao fang

Lekarna

ban gong shi

Pisarna

shu dian

Knjigarna

shang dian

Trgovina

hua dian

Cvetličarna

chao shi

Supermarket

shi chang

Tržnica

bai huo shang dian

Veleblagovnica

yu dian

Ribarnica

gou wu zhong xin

Nakupovalno središče

hai gang

Pristanišče

gong yuan

Park

chang deng

Klop

qiao

Most

lou ti

Stopnice

di tie

Podzemna železnica

sui dao

Predor

gong jiao che zhan

Avtobusno postajališče

jiu ba

Bar

can guan

Restavracija

you tong

Poštni nabiralnik

lu biao

Ulična tabla

ting che ji shi qi

Parkirna ura

dong wu yuan

Živalski vrt

you yong guan

Kopališče

qing zhen si

Mošeja

nong chang

Kmetija

wu ran

Onesnaževanje

mu di

Pokopališče

jiao tang

Cerkev

cao chang

Otroško igrišče

si miao

Tempelj

di xing

Pokrajina

shu ye
List

zhi shi pai
Kažipot

lu
Pot

cao di
Travnik

shi tou
Kamen

shu
Drevo

tu bu lü xing zhe
Pohodnik

he
Reka

cao
Trava

hua
Cvetlica

xia gu

Dolina

shan

Hrib

hu

Jezero

sen lin

Gozd

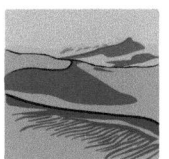

sha mo

Puščava

huo shan

Vulkan

cheng bao

Grad

cai hong

Mavrica

mo gu

Goba

zong lü shu

Palma

wen zi

Komar

cang ying

Muha

ma yi

Mravlja

mi feng

Čebela

zhi zhu

Pajek

jia chong

Hrošč

qing wa

Žaba

song shu

Veverica

ci wei

Jež

ye tu

Zajec

mao tou ying

Sova

niao

Ptič

tian e

Labod

ye zhu

Divji prašič

lu

Jelen

mi lu

Los

shui ba

Jez

feng li fa dian ji

Vetrnica

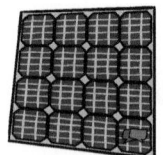

tai yang neng dian chi ban

Solarna plošča

qi hou

Podnebje

can guan
Restavracija

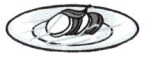

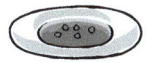

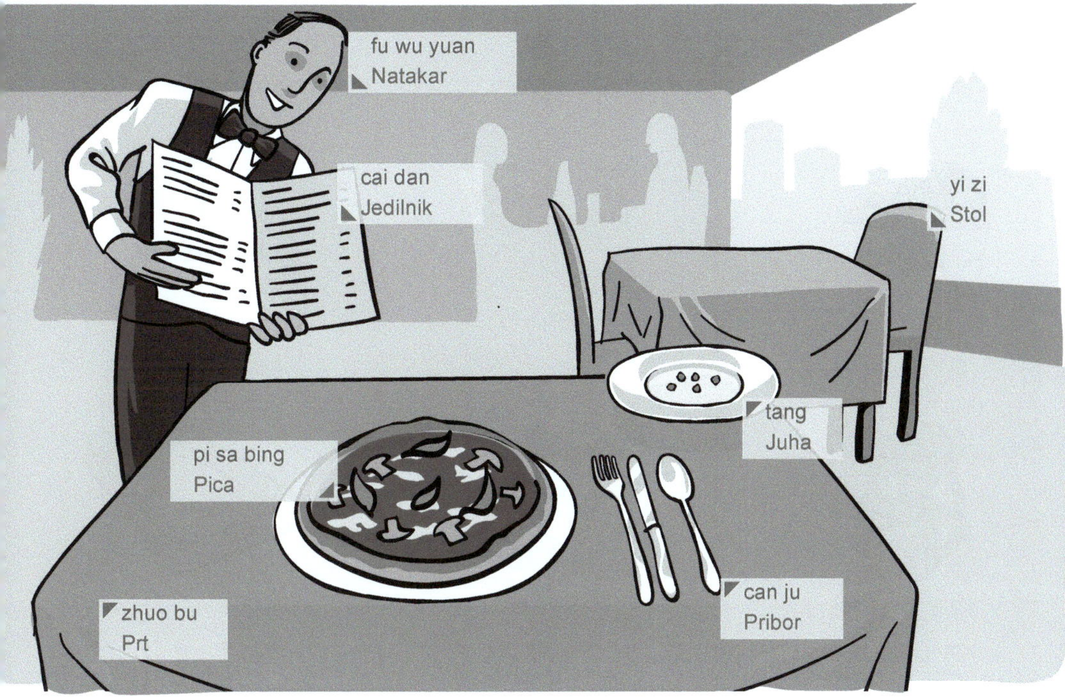
fu wu yuan
Natakar
cai dan
Jedilnik
yi zi
Stol
tang
Juha
pi sa bing
Pica
can ju
Pribor
zhuo bu
Prt

qian cai

Predjed

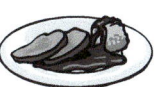

zhu cai

Glavna jed

tian dian

Sladica

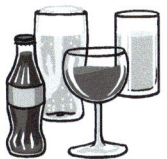

yin liao

Pijače

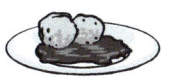

shi wu

Hrana

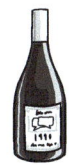

ping zi

Steklenica

kuai can

Hitra hrana

jie bian xiao chi

Ulična hrana

cha hu

Čajnik

tang he

Sladkornica

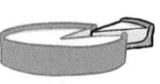

yi fen fan cai

Porcija

yi shi ka fei ji

Aparat za espresso

gao jiao yi

Stolček za hranjenje

zhang dan

Račun

tuo pan

Pladenj

dao

Nož

can cha

Vilica

shao zi

Žlica

cha chi

Čajna žlička

can jin

Servieta

bo li bei

Kozarec

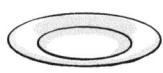

die zi
....
Krožnik

tang pan
....
Globoki krožnik

die zi
....
Krožniček

jiang
....
Omaka

yan ping
....
Solnica

hu jiao mo
....
Mlinček za poper

cu
....
Kis

shi yong you
....
Olje

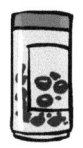

tiao wei liao
....
Začimbe

fan qie jiang
....
Kečap

jie mo
....
Gorčica

dan huang jiang
....
Majoneza

chao shi
Supermarket

te jia
Posebna ponudba
gu ke
Stranka
ru zhi pin
Mlečni izdelki
shui guo
Sadje
gou wu che
Nakupovalni voziček
FOR

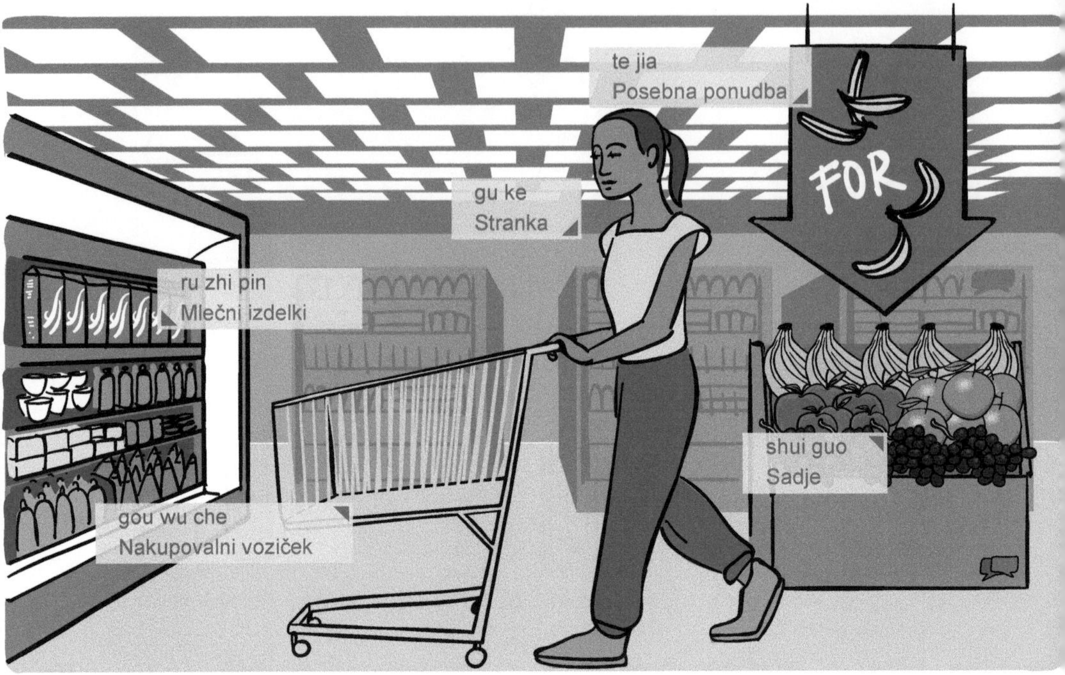

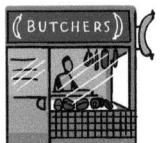

BUTCHERS

rou pu

Mesnica

BAKERY

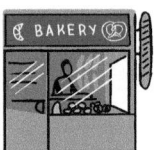

mian bao fang

Pekarna

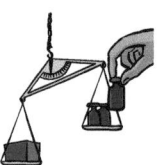

cheng zhong

Tehtati

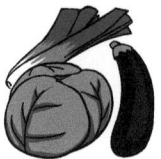

shu cai

Zelenjava

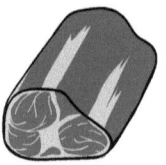

rou

Meso

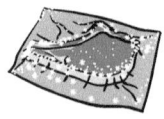

leng dong shi pin

Zamrznjena hrana

leng pan

Hladne mesnine

guan tou shi pin

Konzerve

xi yi fen

Pralni prašek

tian shi

Sladkarije

ri yong pin

Gospodinjski izdelki

qing jie yong pin

Čistilno sredstvo

xiao shou yuan

Prodajalka

shou yin ji

Blagajna

shou yin yuan

Blagajnik

gou wu qing dan

Nakupovalni seznam

kai fang shi jian

Delovni čas

qian bao

Denarnica

xin yong ka

Kreditna kartica

dai zi

Torba

su liao dai

Plastična vrečka

shui

Voda

guo zhi

Sok

niu nai

Mleko

ke le

Kola

hong jiu

Vino

pi jiu

Pivo

jiu

Alkohol

ke ke

Kakav

cha

Čaj

ka fei

Kava

yi shi nong suo ka fei

Espresso

ka bu qi nuo

Kapučino

xiang jiao

Banana

ping guo

Jabolko

cheng zi

Pomaranča

ˊ xi gua

Lubenica

ning meng

Limona

hu luo bo

Korenje

da suan

Česen

zhu zi

Bambus

yang cong

Čebula

mo gu

Goba

jian guo

Oreščki

mian tiao

Rezanci

yi da li mian tiao

Špageti

mi fan

Riž

sha la

Solata

shu tiao

Ocvrt krompirček

zha tu dou

Pečen krompir

pi sa bing

Pica

han bao bao

Hamburger

san ming zhi

Sendvič

zha zhu pai

Zrezek

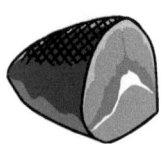

huo tui

Šunka

sa la mi

Salama

xiang chang

Klobasa

ji rou

Piščanec

kao rou

Pečenka

yu

Riba

yan mai pian

Ovseni kosmiči

mu zi li

Musli

yu mi pian

Koruzni kosmiči

mian fen

Moka

yang jiao mian bao

Rogljiček

mian bao juan

Žemlja

mian bao

Kruh

kao mian bao

Prepečenec

bing gan

Piškoti

huang you

Maslo

ning ru

Skuta

dan gao

Torta

dan

Jajce

jian dan

Pečeno jajce na oko

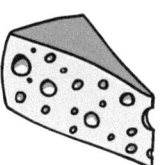

nai lao

Sir

bing ji lin

Sladoled

tang

Sladkor

feng mi

Med

guo jiang

Marmelada

qiao ke li jiang

Čokoladni namaz

ga li fan

Kari

nong chang
Kmetija

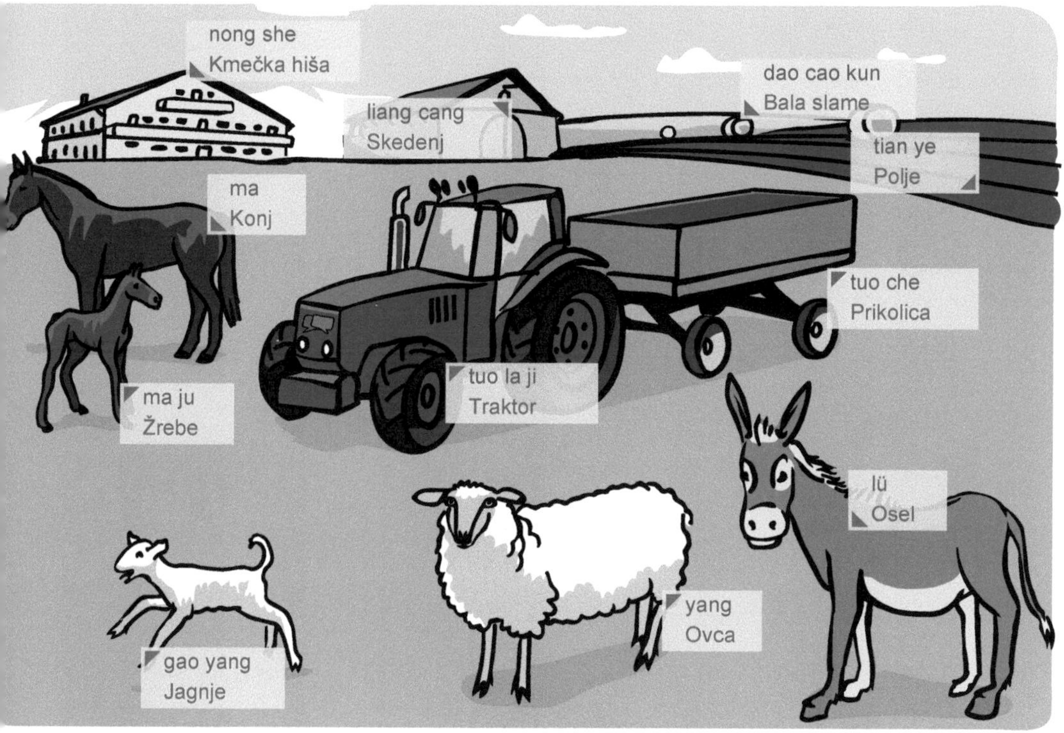
nong she
Kmečka hiša
liang cang
Skedenj
dao cao kun
Bala slame
tian ye
Polje
ma
Konj
tuo che
Prikolica
tuo la ji
Traktor
ma ju
Žrebe
lü
Osel
yang
Ovca
gao yang
Jagnje

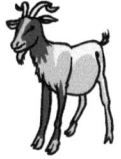

shan yang

Koza

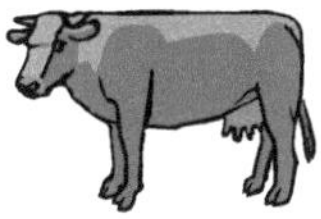

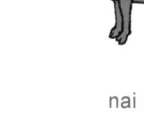

nai niu

Krava

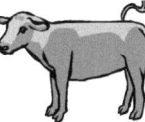

niu du

Tele

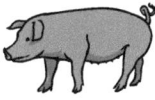

zhu

Prašič

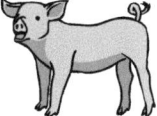

xiao zhu

Pujsek

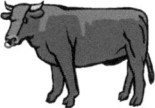

gong niu

Bik

e

Gos

ya

Raca

xiao ji

Piščanec

mu ji

Kokoš

gong ji

Petelin

shu

Podgana

mao

Mačka

lao shu

Miš

niu

Vol

gou

Pes

gou wu

Pasja uta

hua yuan jiao shui ruan guan

Cev za zalivanje

sa shui hu

Kangla za zalivanje

chang bing da lian dao

Kosa

li

Plug

lian dao

Srp

chu tou

Motika

chang bing cao pa

Vile

fu tou

Sekira

du lun shou tui che

Samokolnica

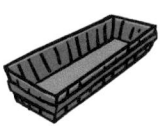

si liao cao

Korito

niu nai guan

Kangla za mleko

ma bu dai

Vreča

zha lan

Ograja

ma jiu

Hlev

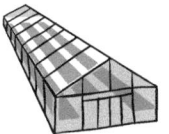

wen shi

Rastlinjak

tu rang

Prst

zhong zi

Seme

fei liao

Gnojilo

lian he shou ge ji

Kombajn

shou ge

Žeti

shou ge

Žetev

shan yao

Jam

xiao mai

Pšenica

da dou

Soja

tu dou

Krompir

yu mi

Koruza

you cai zi

Oljna ogrščica

guo shu

Sadno drevo

shu shu

Maniok

gu wu

Žito

fang zi
Hiša

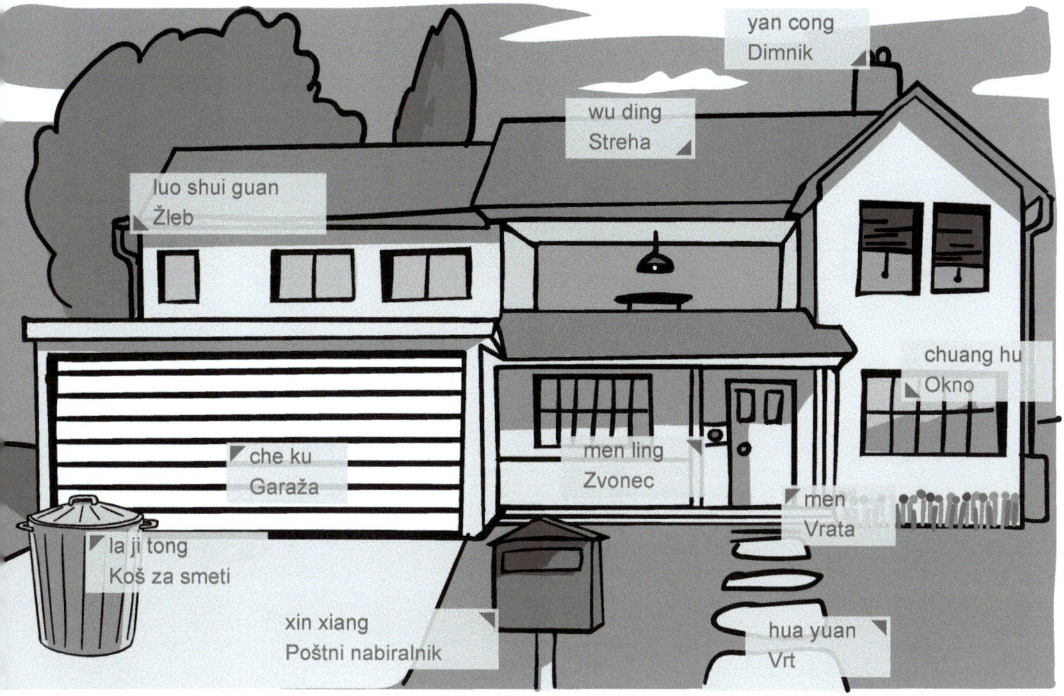
yan cong
Dimnik
wu ding
Streha
luo shui guan
Žleb
chuang hu
Okno
che ku
Garaža
men ling
Zvonec
men
Vrata
la ji tong
Koš za smeti
xin xiang
Poštni nabiralnik
hua yuan
Vrt

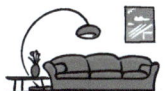

ke ting

Dnevna soba

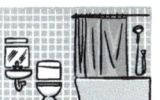

yu shi

Kopalnica

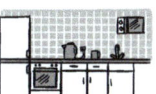

chu fang

Kuhinja

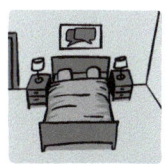

wo shi

Spalnica

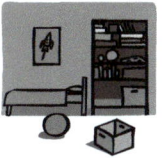

er tong fang

Otroška soba

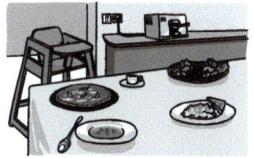

can ting

Jedilnica

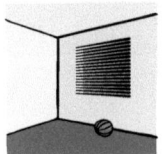

di ban

Tla

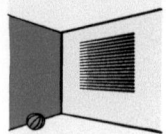

qiang bi

Stena

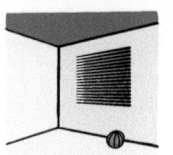

diao ding

Strop

di jiao

Klet

sang na

Savna

yang tai

Balkon

lu tai

Terasa

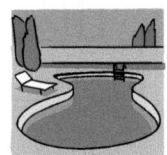

you yong chi

Bazen

ge cao ji

Kosilnica

bei dan

Rjuha

chuang zhao

Posteljno pregrinjalo

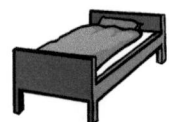

chuang

Postelja

sao zhou

Metla

shui tong

Vedro

kai guan

Stikalo

ke ting

Dnevna soba

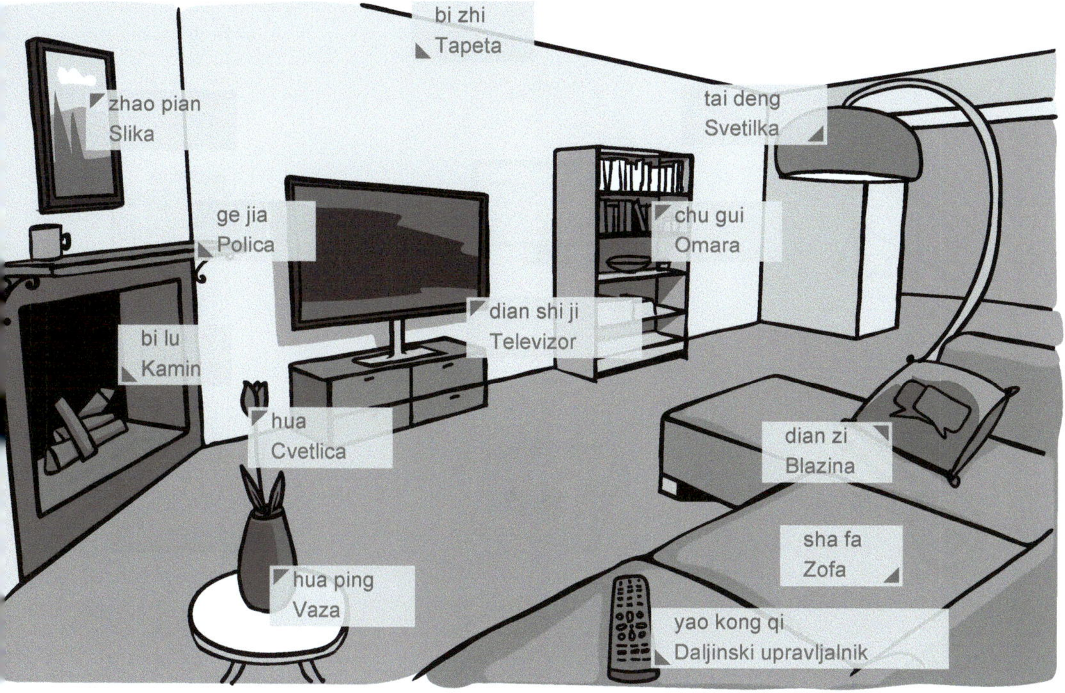
bi zhi
Tapeta
zhao pian
Slika
tai deng
Svetilka
ge jia
Polica
chu gui
Omara
dian shi ji
Televizor
bi lu
Kamin
hua
Cvetlica
dian zi
Blazina
sha fa
Zofa
hua ping
Vaza
yao kong qi
Daljinski upravljalnik

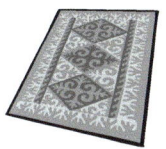

di tan

Preproga

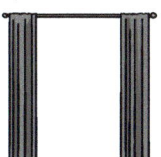

chuang lian

Zavesa

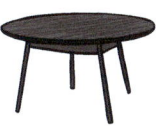

can zhuo

Miza

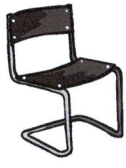

yi zi

Stol

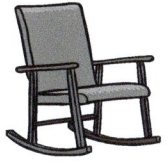

yao yi

Gugalnik

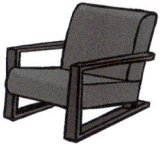

fu shou yi

Naslanjač

shu

Knjiga

tan zi

Odeja

zhuang shi pin

Dekoracija

mu chai

Drva

dian ying

Film

gao bao zhen yin xiang

Glasbeni stolp

yao shi

Ključ

bao zhi

Časopis

you hua

Slika

hai bao

Plakat

shou yin ji

Radio

bi ji ben

Beležka

xi chen qi

Sesalnik

xian ren zhang

Kaktus

la zhu

Sveča

chu fang
Kuhinja

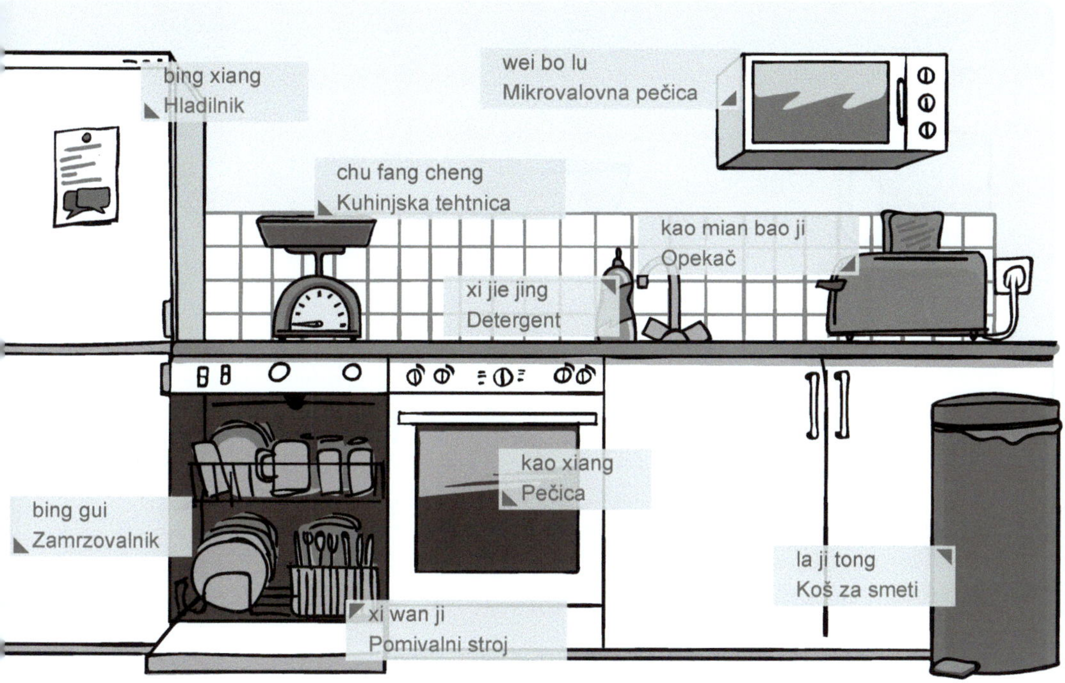
bing xiang
Hladilnik
wei bo lu
Mikrovalovna pečica
chu fang cheng
Kuhinjska tehtnica
kao mian bao ji
Opekač
xi jie jing
Detergent
kao xiang
Pečica
bing gui
Zamrzovalnik
la ji tong
Koš za smeti
xi wan ji
Pomivalni stroj

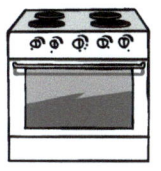

chui ju

Kozica

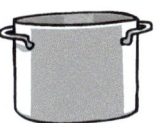

guo

Lonec

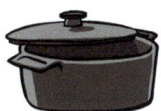

zhu tie guo

Litoželezni lonec

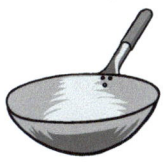

sha guo

Vok / kadai

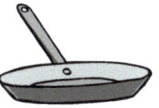

ping di guo

Ponev

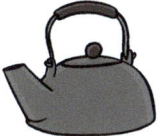

shui hu

Kotliček

zheng guo

Parni kuhalnik

kao pan

Pekač

tao ci guo

Posoda

ma ke bei

Skodelica

wan

Skleda

kuai zi

Jedilne paličice

chang bing shao

Zajemalka

chan zi

Lopatica

jiao ban qi

Metlica

lü wang

Cedilnik

shai zi

Cedilo

mo sui ji

Strgalo

yan bo

Možnar

shao kao

Žar

ming huo

Ognjišče

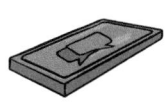

cai ban

Deska za rezanje

gan mian zhang

Valjar

kai ping qi

Odpirač za steklenice

guan zi

Pločevinka

kai ping qi

Odpirač za konzerve

ge re shou tao

Prijemalka za posodo

shui cao

Korito

shua zi

Ščetka

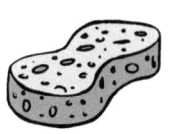

hai mian

Goba

jiao ban ji

Mešalnik

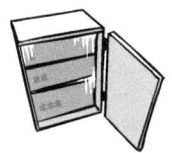

leng cang xiang

Zamrzovalna skrinja

nai ping

Steklenička

shui long tou

Pipa

yu shi

Kopalnica

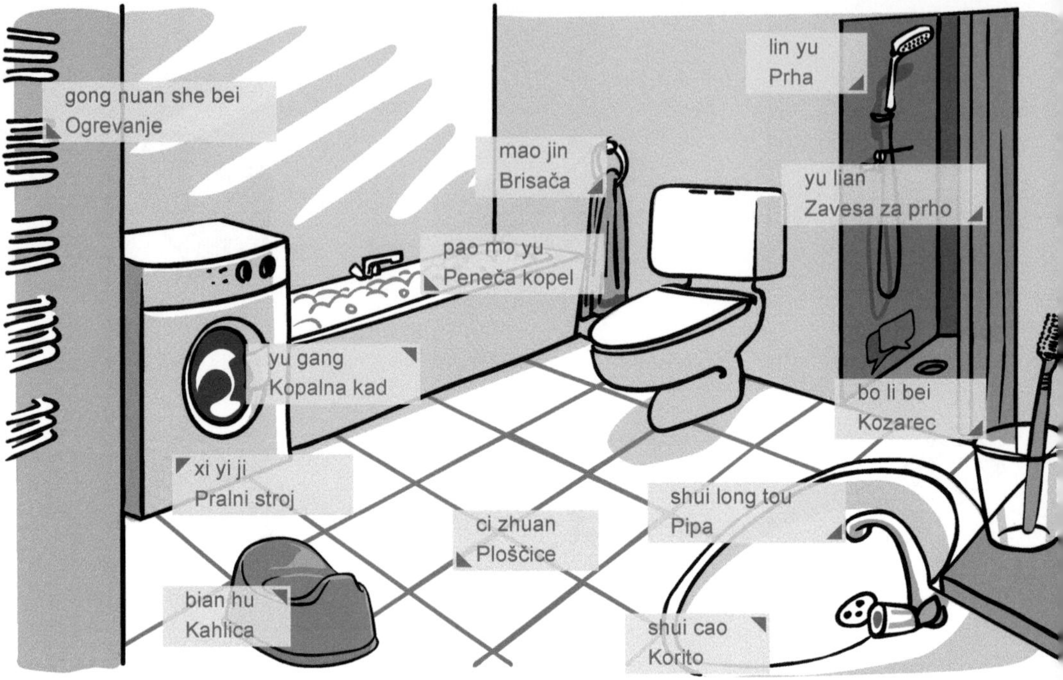

gong nuan she bei
Ogrevanje
mao jin
Brisača
lin yu
Prha
yu lian
Zavesa za prho
pao mo yu
Peneča kopel
yu gang
Kopalna kad
bo li bei
Kozarec
xi yi ji
Pralni stroj
shui long tou
Pipa
ci zhuan
Ploščice
bian hu
Kahlica
shui cao
Korito

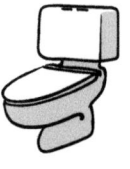

ce suo

Stranišče

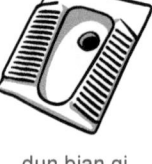

dun bian qi

Stranišče na počep

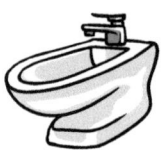

zuo yu qi

Bide

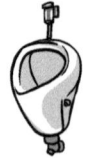

xiao bian chi

Pisoar

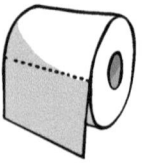

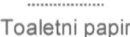

ce zhi

Toaletni papir

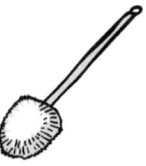

ma tong shua

Ščetka za straniščno školjko

ya shua

Zobna ščetka

ya gao

Zobna pasta

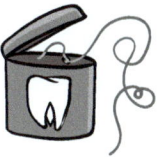

ya xian

Zobna nitka

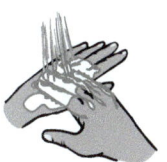

xi

Umiti se

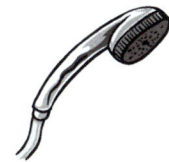

shou chi shi pen lin tou

Ročna prha

chong xi qi

Prha za intimne dele

xi lian pen

Umivalnik

ca bei shua

Krtača za hrbet

fei zao

Milo

mu yu lu

Gel za prhanje

xi fa shui

Šampon

fa lan rong

Krpica za miljenje

pai shui

Odtok

ru shuang

Krema

chu chou ji

Deodorant

jing zi

Ogledalo

shou jing

Ročno ogledalo

ti xu dao

Britvica

ti xu pao mo

Pena za britje

xu hou shui

Vodica po britju

shu zi

Glavnik

shua zi

Ščetka

chui feng ji

Sušilnik za lase

pen fa ding xing ji

Lak za lase

hua zhuang pin

Ličila

chun gao

Šminka

zhi jia you

Lak za nohte

hua zhuang mian

Vatirane blazinice

zhi jia jian

Škarjice za nohte

xiang shui

Parfum

xi shu bao

Toaletna torbica

deng zi

Stol brez naslonjala

ji zhong cheng

Osebna tehtnica

yu pao

Kopalni plašč

xiang jiao shou tao

Gumijaste rokavice

wei sheng mian tiao

Tampon

wei sheng jin

Damski vložki

hua xue ce suo

Kemično stranišče

er tong fang

Otroška soba

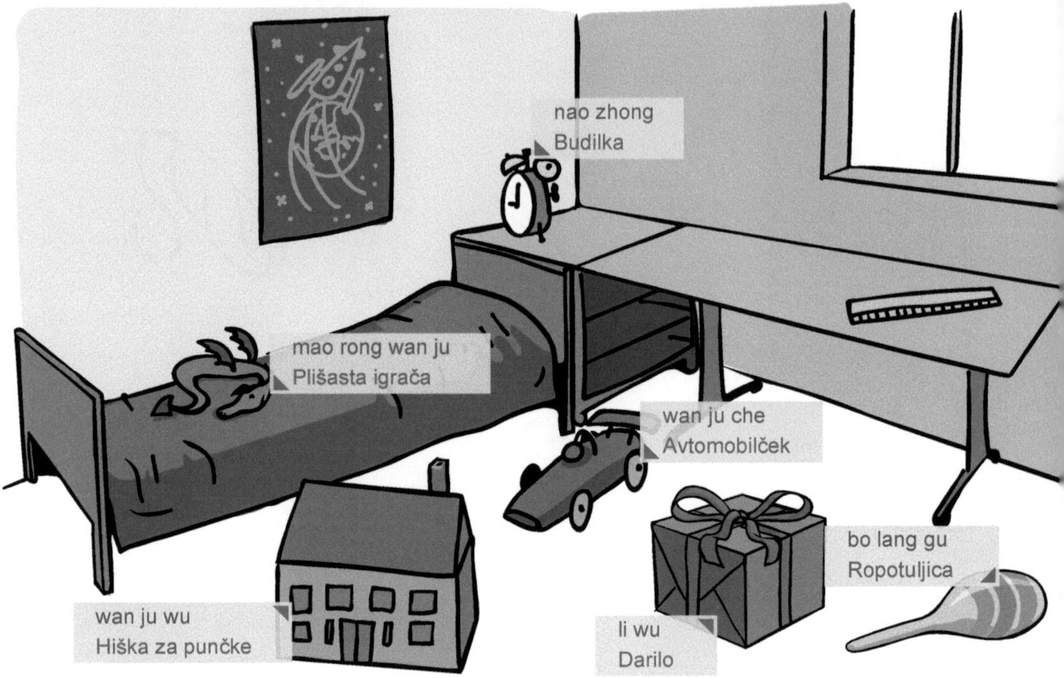

nao zhong
Budilka
mao rong wan ju
Plišasta igrača
wan ju che
Avtomobilček
bo lang gu
Ropotuljica
wan ju wu
Hiška za punčke
li wu
Darilo

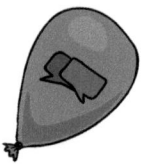

qi qiu

Balon

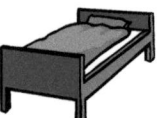

chuang

Postelja

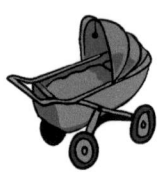

(yang wa wa yong)ying er che

Otroški voziček

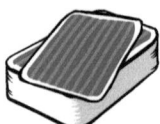

pu ke pai

Igralne karte

pin tu

Sestavljanka

SUPER
MEGA

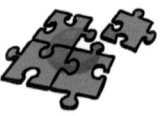

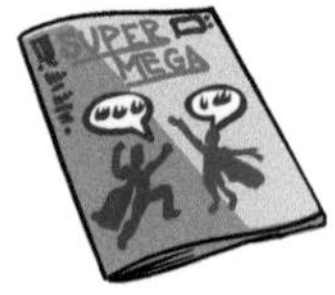

man hua

Strip

le gao ji mu

Lego kocke

ji mu wan ju

Igralne kocke

wan ju ren

Akcijska figura

ying er fu

Bodi

fei pan

Frizbi

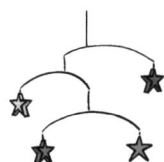

chuang ling wan ju

Vrtiljak za posteljico

qi pan you xi

Namizna igra

shai zi

Kocka

huo che mo xing

Komplet modelov vlakov

an fu nai zui

Duda

ju hui

Zabava

hui ben

Slikanica

qiu

Žoga

yang wa wa

Lutka

wan

Igrati se

sha keng

Peskovnik

qiu qian

Gugalnica

wan ju

Igrače

you xi ji

Igralna konzola

san lun che

Tricikel

tai di xiong

Plišasti medvedek

yi chu

Garderoba

yi fu

Oblačilo

wa zi

Nogavice

chang wa

Samostoječe nogavice

jin shen ku

Hlačne nogavice

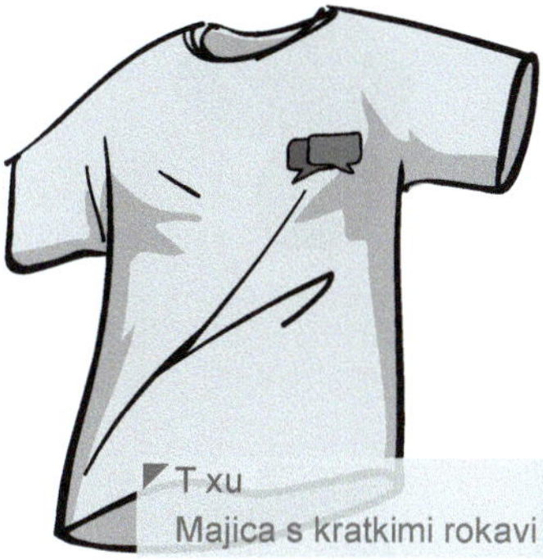

wei jin
Šal

pi dai
Pas

yu san
Dežnik

T xu
Majica s kratkimi rokavi

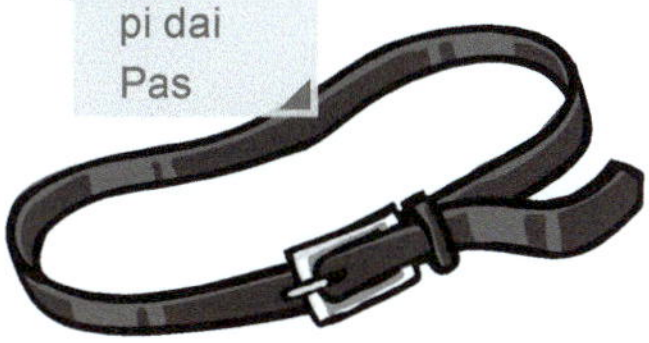

yun dong xie
Športni copati

xue zi
Škornji

tuo xie
Copati

liang xie
Sandali

xie
Čevlji

yu xue
Gumijasti škornji

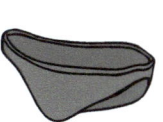

nei ku
Spodnje hlače

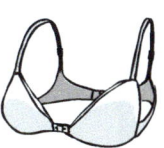

xiong zhao
Modrček

bei xin
Telovnik

shen ti

Bodi

ku zi

Hlače

niu zai ku

Kavbojke

duan qun

Krilo

nü shi chen shan

Bluza

chen shan

Srajca

tao tou shan

Pulover

wei yi

Pletena jopica

xi zhuang jia ke

Jopa

jia ke

Jakna

wai tao

Plašč

yu yi

Dežni plašč

tao zhuang

Kostim

lian yi qun

Obleka

hun sha

Poročna obleka

xi zhuang

Obleka

shui pao

Spalna srajca

shui yi

Pižama

sha li

Sari

tou jin

Naglavna ruta

bao tou jin

Turban

bo ka

Burka

ka fu tan

Kaftan

(a la bo shi)chang pao

Abaja

yong yi

Kopalke

nan shi yong ku

Kopalne hlače

duan ku

Kratke hlače

yun dong fu

Trenirka

wei qun

Predpasnik

shou tao

Rokavice

niu kou

Gumb

yan jing

Očala

shou lian

Zapestnica

xiang lian

Verižica

jie zhi

Prstan

er huan

Uhan

bian mao

Kapa

yi jia

Obešalnik

mao zi

Klobuk

ling dai

Kravata

la lian

Zadrga

tou kui

Čelada

bei dai

Naramnice

xiao fu

Šolska uniforma

zhi fu

Uniforma

wei dou
....
Slinček

an fu nai zui
....
Duda

niao bu shi
....
Plenica

ban gong shi
Pisarna

fu wu qi
Strežnik

wen jian gui
Kartotečna omara

da yin ji
Tiskalnik

zhi
Papir

xian shi ping
Monitor

ban gong zhuo
Pisalna miza

shu biao
Miška

wen jian jia
Mapa

jian pan
Tipkovnica

fei zhi kuang
Koš za smeti

yi zi
Stol

dian nao
Računalnik

ka fei bei
....
Lonček za kavo

ji suan qi
....
Kalkulator

yin te wang
....
Internet

bi ji ben dian nao

Prenosnik

xin jian

Pismo

xiao xi

Sporočilo

shou ji

Mobilnik

wang luo

Omrežje

fu yin ji

Kopirni stroj

ruan jian

Programska oprema

dian hua

Telefon

cha zuo

Vtičnica

chuan zhen ji

Telefaks

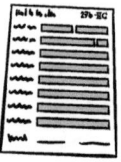

biao ge

Obrazec

wen jian

Dokument

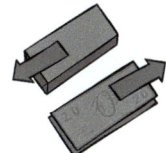

mai

Kupiti

fu qian

Plačati

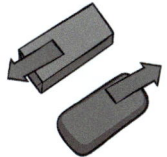

jiao yi

Trgovati

xian jin

Denar

mei yuan

Dolar

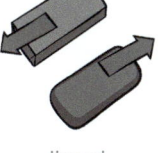

ou yuan

Evro

ri yuan

Jen

lu bu

Rubelj

rui shi fa lang

Švičarski frank

ren min bi

Kitajski juan renminbi

lu bi

Rupija

ti kuan chu

Bankomat

wai bi dui huan chu

Menjalnica

jin

Zlato

yin

Srebro

shi you

Nafta

neng yuan

Energija

jia ge

Cena

he tong

Pogodba

shui jin

Davek

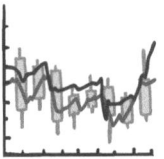

gu piao

Delnice

gong zuo

Delati

zhi yuan

Delojemalec

lao ban

Delodajalec

gong chang

Tovarna

shang dian

Trgovina

zhi ye
Poklici

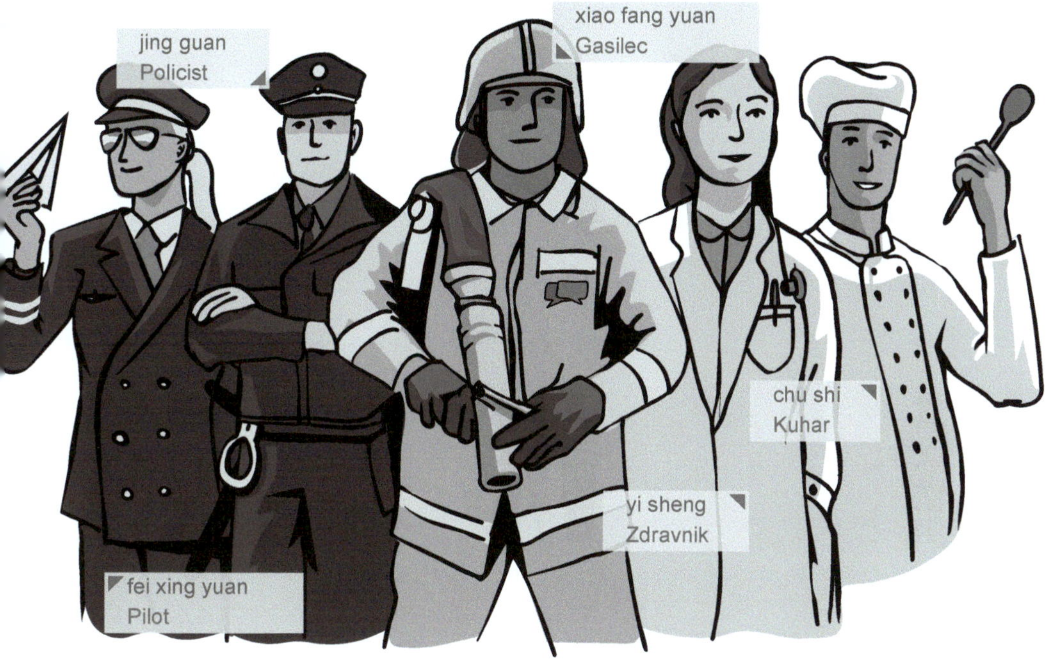

jing guan
Policist
xiao fang yuan
Gasilec
chu shi
Kuhar
yi sheng
Zdravnik
fei xing yuan
Pilot

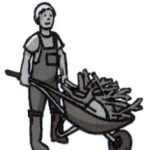

yuan ding

Vrtnar

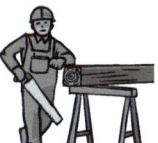

mu jiang

Mizar

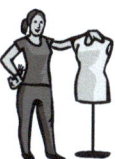

cai feng

Šivilja

fa guan

Sodnik

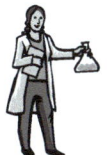

hua xue jia

Kemik

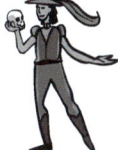

yan yuan

Igralec

gong jiao che si ji

Voznik avtobusa

chu zu che si ji

Taksist

yu fu

Ribič

qing jie nü gong

Čistilka

wu ding gong

Krovec

fu wu yuan

Natakar

lie ren

Lovec

hua jia

Pleskar

mian bao shi

Pek

dian gong

Električar

jian zhu gong ren

Gradbenik

gong cheng shi

Inženir

tu fu

Mesar

shui guan gong

Vodovodni inštalater

you di yuan

Poštar

shi bing

Vojak

jian zhu shi

Arhitekt

shou yin yuan

Blagajnik

hua nong

Cvetličar

li fa shi

Frizer

shou piao yuan

Sprevodnik

ji xie shi

Mehanik

chuan zhang

Kapitan

ya yi

Zobozdravnik

ke xue jia

Znanstvenik

la bi

Rabin

yi ma mu

Imam

he shang

Menih

mu shi

Duhovnik

gong ju
Orodje

tie chui
Kladivo
qian zi
Klešče
luo si dao
Izvijač
shou dian tong
Žepna svetilka
ban shou
Vijačni ključ

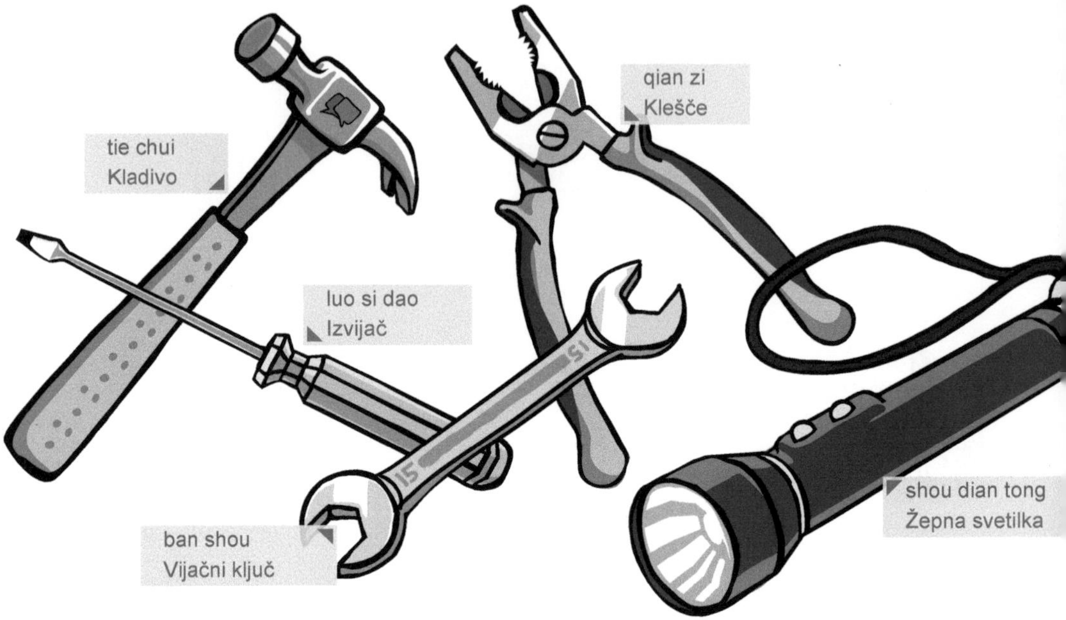

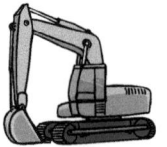

wa jue ji

Bager

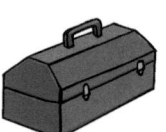

gong ju xiang

Zaboj z orodjem

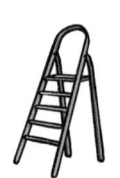

ti zi

Lestev

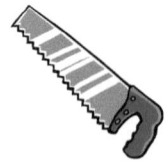

ju zi

Žaga

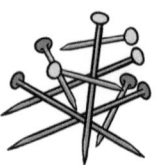

ding zi

Žeblji

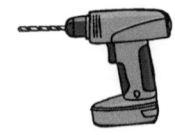

zuan ji

Vrtalnik

xiu
Popraviti

chan zi
Lopata

kao!
Šment!

bo ji
Smetišnica

you qi tong
Posoda z barvo

luo si
Vijaki

yue qi
Glasbeni instrument

yang sheng qi
Zvočnik

da ji yue qi
Tolkala

ji ta
Kitara

di yin ti qin
Kontrabas

xiao hao
Trobenta

gang qin

Klavir

xiao ti qin

Violina

bei si

Bas kitara

ding yin gu

Pavke

gu

Bobni

dian zi qin

Sintetizator

sa ke si guan

Saksofon

chang di

Flavta

mai ke feng

Mikrofon

dong wu yuan
Živalski vrt

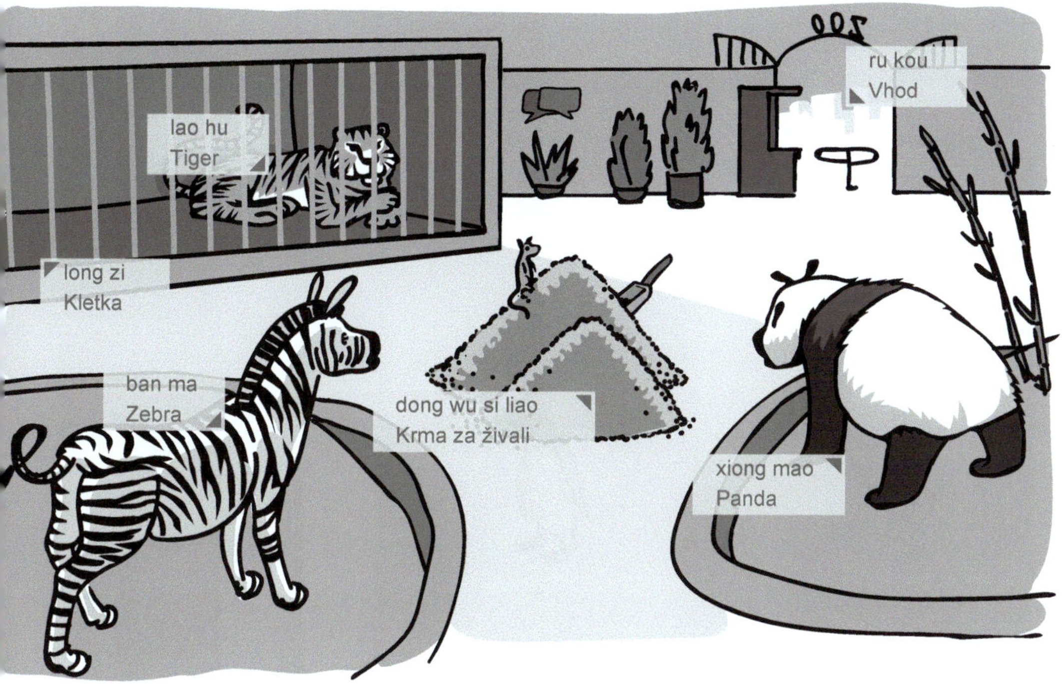

200
ru kou
Vhod
lao hu
Tiger
long zi
Kletka
ban ma
Zebra
dong wu sí liao
Krma za živali
xiong mao
Panda

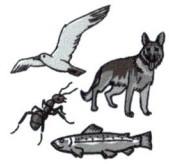

dong wu

Živali

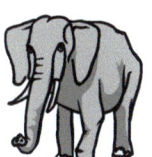

da xiang

Slon

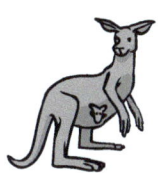

dai shu

Kenguru

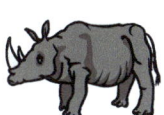

xi niu

Nosorog

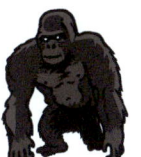

da xing xing

Gorila

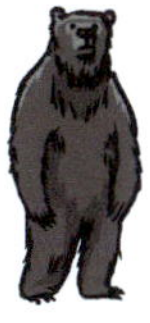

xiong

Medved

luo tuo

Kamela

tuo niao

Noj

shi zi

Lev

hou zi

Opica

huo lie niao

Plamenec

ying wu

Papagaj

bei ji xiong

Severni medved

qi e

Pingvin

sha yu

Morski pes

kong que

Pav

she

Kača

e yu

Krokodil

dong wu yuan guan li yuan

Oskrbnik v živalskem vrtu

hai bao

Tjulenj

mei zhou bao

Jaguar

ai zhong ma

Poni

bao

Leopard

he ma

Povodni konj

chang jing lu

Žirafa

lao ying

Orel

ye zhu

Divji prašič

yu

Riba

gui

Želva

hai xiang

Mrož

hu li

Lisica

ling yang

Gazela

gan lan qiu
Ameriški nogomet

qi zi xing che
Kolesarjenje

wang qiu
Tenis

lan qiu
Košarka

you yong
Plavanje

quan ji
Boks

bing qiu
Hokej

ying shi zu qiu
Nogomet

yu mao qiu
Badminton

tian jing
Atletika

shou qiu
Rokomet

hua xue
Smučanje

ma qiu
Polo

huo dong
Dejavnosti

xiao
Smejati se
tiao
Skočiti
yong bao
Objeti
zou lu
Hoditi
chang
Peti
zuo meng
Sanjati
qi dao
Moliti
qin wen
Poljubiti

A

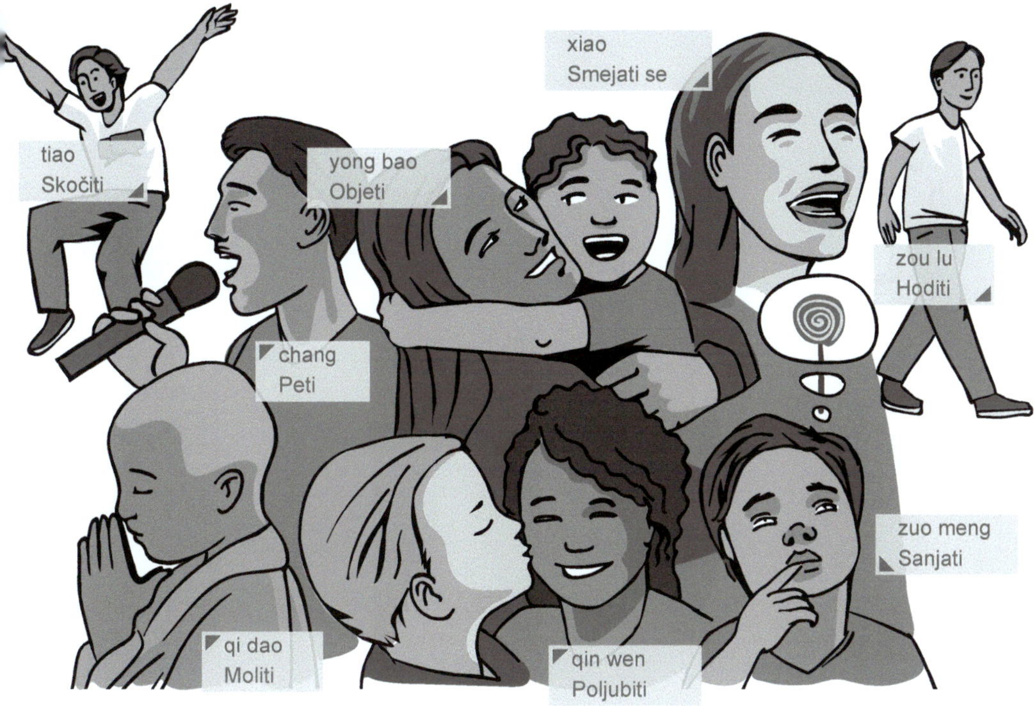

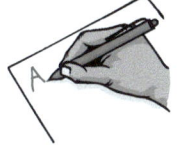

shu xie

Pisati

hua

Risati

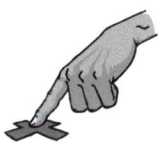

zhan shi

Pokazati

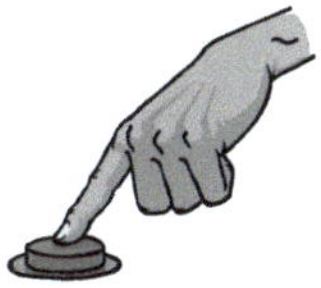

tui

Potisniti

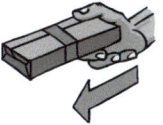

gei

Dati

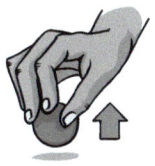

na

Vzeti

you

Imeti

zuo

Narediti

dang

Biti

zhan

Stati

pao

Teči

la

Vleči

reng

Vreči

shuai dao

Pasti

tang

Ležati

deng dai

Čakati

xie dai

Nositi

zuo

Sedeti

chuan yi

Obleči se

shui jiao

Spati

xing lai

Zbuditi se

kan

Gledati

ku

Jokati

fu mo

Božati

shu tou

Česati se

jiao tan

Govoriti

ming bai

Razumeti

wen

Vprašati

ting

Poslušati

he

Piti

chi

Jesti

qing li

Pospraviti

ai

Ljubiti

zuo fan

Kuhati

kai che

Voziti

fei

Leteti

hang xing

Jadrati

ji suan

Računanje

du

Brati

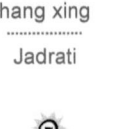

xue xi

Učiti se

gong zuo

Delati

jie hun

Poročiti se

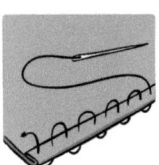

feng

Šivati

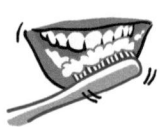

shua ya

Ščetkati si zobe

sha

Ubiti

chou yan

Kaditi

ji

Poslati

zu mu
Stara mati

zu fu
Stari oče

fu qin
Oče

ying tong
Dojenček

mu qin
Mati

nü er
Hči

er zi
Sin

ke ren

Gost

a yi

Teta

shu shu

Stric

xiong di

Brat

jie mei

Sestra

shen ti

Telo

qian e
Čelo
yan jing
Oko
lian
Obraz
xia ba
Brada
ru fang
Prsi
shou zhi
Prst
shou
Dlan
shou bi
Roka
jian bang
Rama
tui
Noga

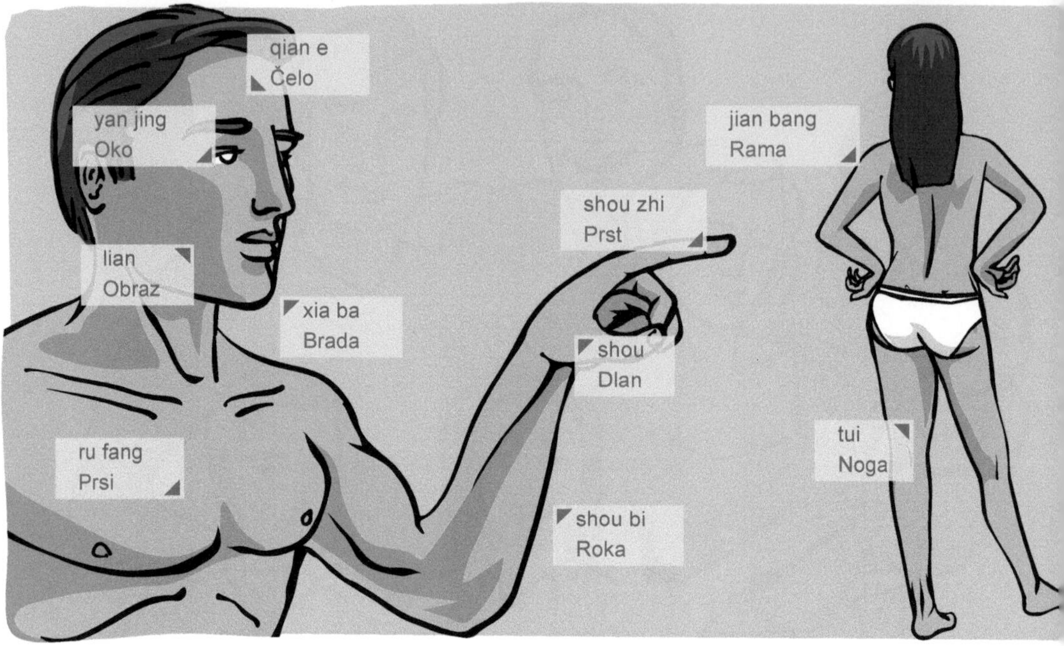

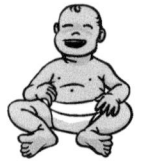

ying tong

Dojenček

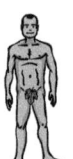

nan ren

Človek

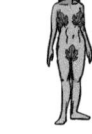

nü ren

Ženska

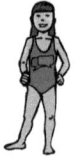

nü hai

Dekle

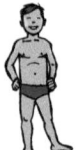

nan hai

Fant

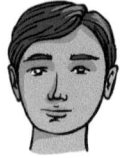

tou

Glava

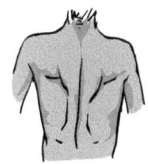

bei bu

Hrbet

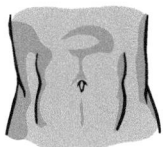

du zi

Trebuh

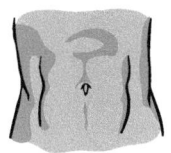

du qi

Popek

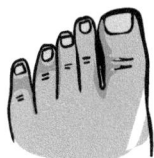

jiao zhi

Prst na nogi

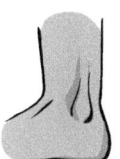

jiao hou gen

Peta

gu tou

Kost

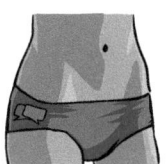

tun bu

Kolk

xi gai

Koleno

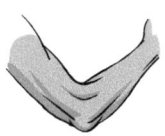

shou zhou

Komolec

bi zi

Nos

pi gu

Zadnjica

pi fu

Koža

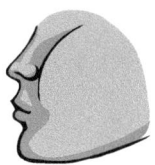

lian jia

Lice

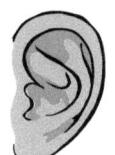

er duo

Uho

zui chun

Ustnica

zui

Usta

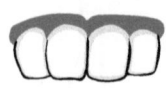

ya chi

Zob

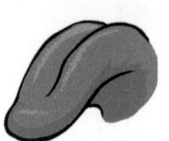

she tou

Jezik

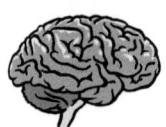

nao

Možgani

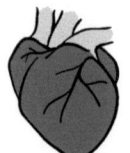

xin zang

Srce

ji rou

Mišica

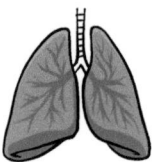

fei

Pljuča

gan zang

Jetra

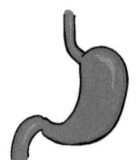

wei

Želodec

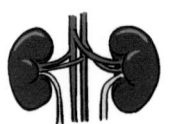

shen zang

Ledvice

xing jiao

Spolni odnos

bi yun tao

Kondom

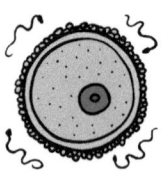

luan zi

Jajčece

jing zi

Semenska tekočina

huai yun

Nosečnost

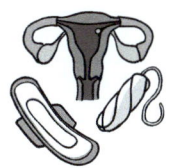

yue jing

Menstruacija

yin dao

Vagina

yin jing

Penis

mei mao

Obrv

tou fa

Lasje

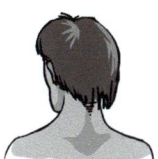

bo zi

Vrat

yi yuan
Bolnišnica

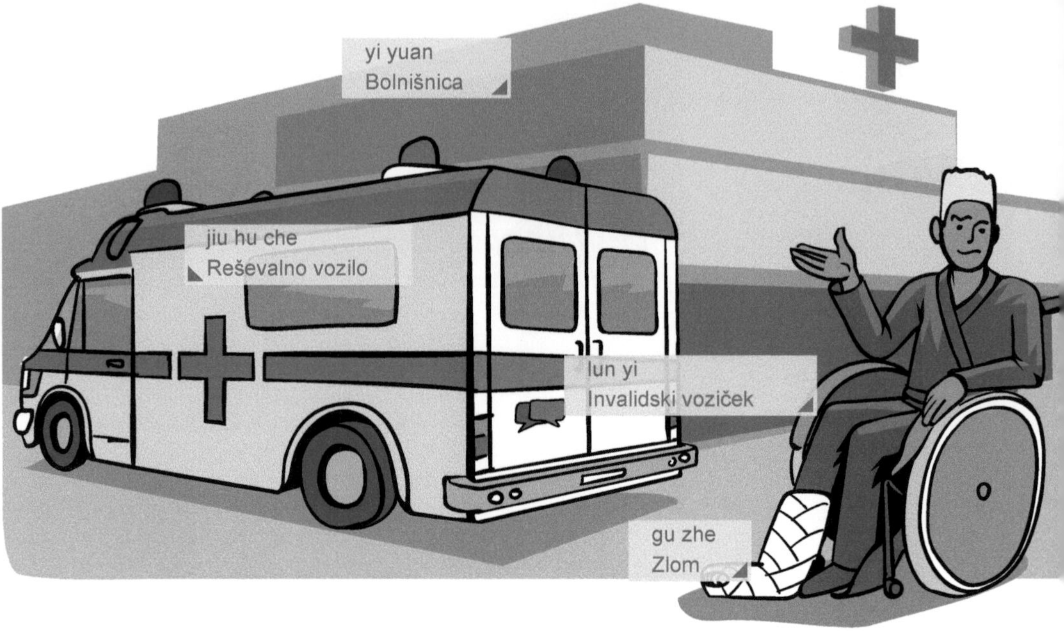

yi yuan
Bolnišnica
jiu hu che
Reševalno vozilo
lun yi
Invalidski voziček
gu zhe
Zlom

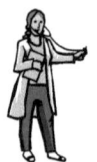

yi sheng

Zdravnik

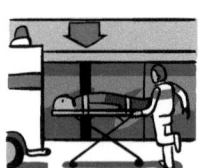

ji zhen shi

Urgenca

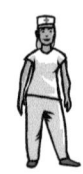

hu shi

Medicinska sestra

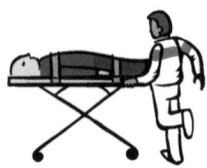

jin ji qing kuang

Nujni primer

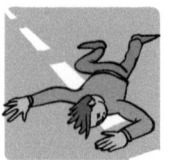

hun mi

Nezavesten

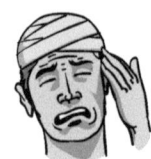

tong

Bolečina

shou shang

Poškodba

chu xue

Krvavenje

xin zang bing fa zuo

Srčni infarkt

zhong feng

Kap

guo min

Alergija

ke sou

Kašelj

fa shao

Vročina

liu gan

Gripa

fu xie

Driska

tou tong

Glavobol

ai zheng

Rak

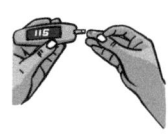

tang niao bing

Sladkorna bolezen

wai ke yi sheng

Kirurg

shou shu dao

Skalpel

shou shu

Operacija

CT

CT

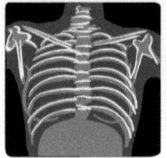

X guang

Rentgen

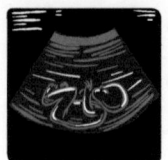

chao sheng bo

Ultrazvok

kou zhao

Obrazna maska

ji bing

Bolezen

hou zhen shi

Čakalnica

guai zhang

Bergla

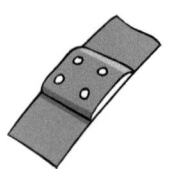

shi gao

Obliž

beng dai

Preveza

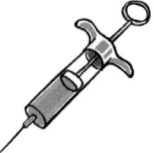

zhu she

Injekcija

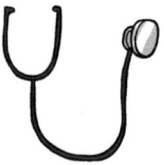

ting zhen qi

Stetoskop

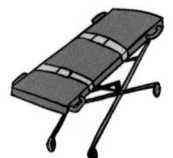

dan jia

Nosila

ti wen ji

Klinični termometer

chu sheng

Porod

chao zhong

Prekomerna teža

zhu ting qi

Slušni pripomoček

xiao du ye

Razkužilo

gan ran

Okužba

bing du

Virus

ai zi bing

HIV / AIDS

yao wu

Medicina

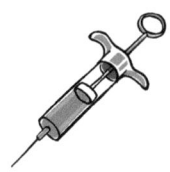

jie zhong yi miao

Cepljenje

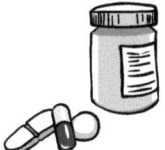

yao pian

Tablete

yao wan

Tableta

ji jiu dian hua

Klic v sili

xue ya ji

Merilnik krvnega tlaka

sheng bing/jian kang

bolano / zdravo

jiu ming!

Na pomoč!

jing bao

Alarm

tu ji

Napad

gong ji

Napad

wei xian

Nevarnost

jin ji chu kou

Izhod v sili

zhao huo la!

Gori!

mie huo qi

Gasilni aparat

yi wai

Nezgoda

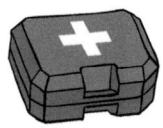

ji jiu xiang

Komplet za prvo pomoč

hu jiu xin hao

SOS

jing cha

Policija

ou zhou

Evropa

bei mei zhou

Severna Amerika

nan mei zhou

Južna Amerika

fei zhou

Afrika

ya zhou

Azija

ao zhou

Avstralija

da xi yang

Atlantski ocean

tai ping yang

Tihi ocean

yin du yang

Indijski ocean

nan bing yang

Južni ocean

bei bing yang

Arktični ocean

bei ji

Severni tečaj

nan ji
....
Južni tečaj

nan ji zhou
....
Antarktika

di qiu
....
Zemlja

lu di
....
Kopno

hai
....
Morje

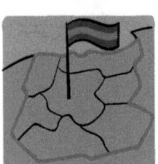

dao
....
Otok

guo jia
....
Narod

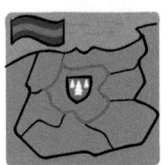

guo jia
....
Država

zhong mian

Številčnica

shi zhen

Urni kazalec

fen zhen

Minutni kazalec

miao zhen

Sekundni kazalec

xian zai ji dian?

Koliko je ura?

tian

Dan

shi jian

Čas

xian zai

Zdaj

dian zi biao

Digitalna ura

fen

Minuta

shi

Ura

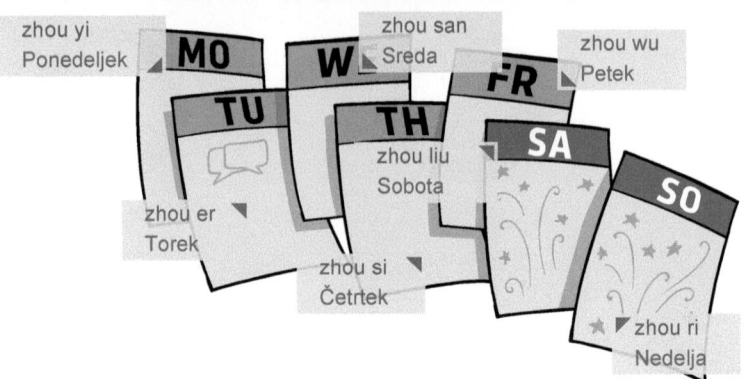

zhou yi
Ponedeljek

zhou san
Sreda

zhou wu
Petek

zhou liu
Sobota

zhou er
Torek

zhou si
Četrtek

zhou ri
Nedelja

zuo tian

Včeraj

jin tian

Danes

ming tian

Jutri

zao chen

Jutro

zhong wu

Poldne

wan shang

Večer

gong zuo ri

Delovni dnevi

zhou mo

Konec tedna

nian
Leto

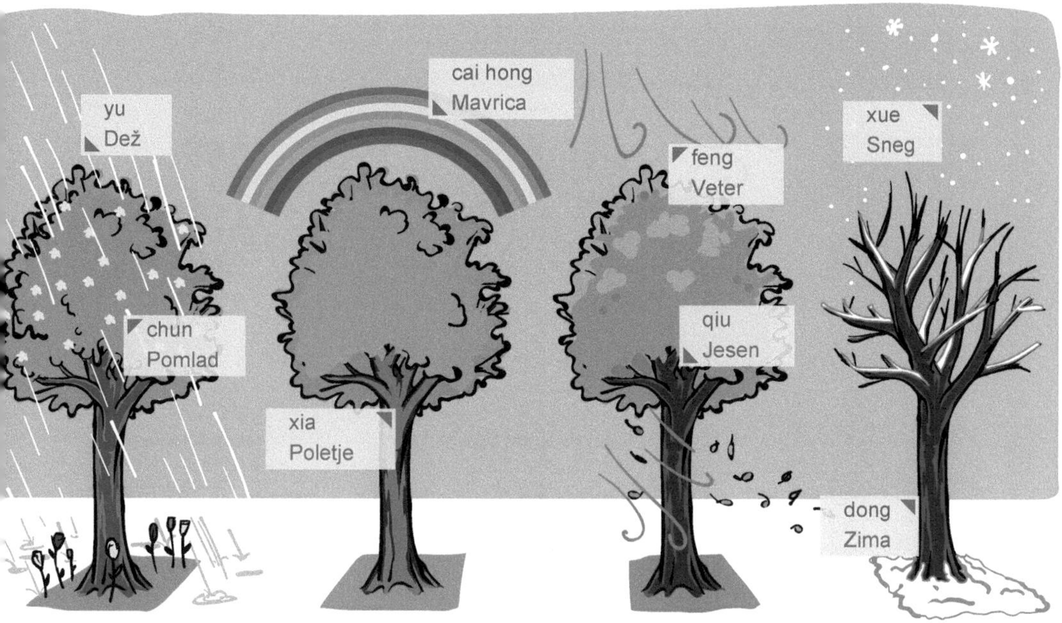
yu
Dež
cai hong
Mavrica
feng
Veter
xue
Sneg
chun
Pomlad
qiu
Jesen
xia
Poletje
dong
Zima

4.APRIL 11°
5.APRIL 4°
6.APRIL 13°
7.APRIL 8°
8.APRIL 10°

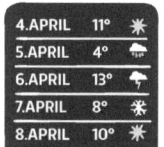

tian qi yu bao

Vremenska napoved

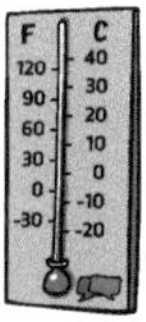
F C
120 40
90 30
60 20
30 10
0 0
-30 -10
-20

wen du ji

Termometer

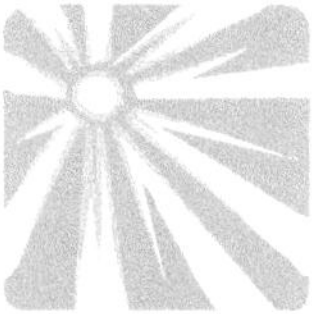

yang guang

Sončna svetloba

yun

Oblak

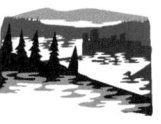

wu

Megla

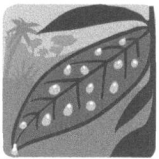

chao shi

Vlažnost

shan dian

Strela

da lei

Grom

feng bao

Nevihta

bing bao

Toča

ji feng

Monsun

hong shui

Poplava

bing

Led

yi yue

Januar

er yue

Februar

san yue

Marec

si yue

April

wu yue

Maj

liu yue

Junij

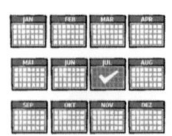

qi yue

Julij

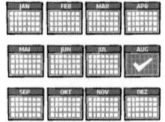

ba yue

Avgust

jiu yue
....
September

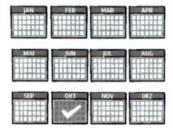

shi yue
....
Oktober

shi yi yue
....
November

shi er yue
....
December

xing zhuang
Oblike

yuan xing
....
Krogla

zheng fang xing
....
Kvadrat

chang fang xing
....
Pravokotnik

san jiao xing
....
Trikotnik

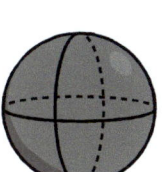

qiu ti
....
Krogla

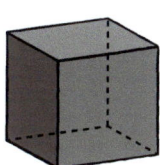

li fang ti
....
Kocka

bai

Bela

huang

Rumena

cheng

Oranžna

fen

Rožnata

hong

Rdeča

zi

Vijolična

lan

Modra

lü

Zelena

zong

Rjava

hui

Siva

hei

Črna

hen duo/shao xu

veliko / malo

sheng qi/ping jing

jezno / umirjeno

mei/chou

lepo / grdo

shou/wei

začetek / konec

da/xiao

veliko / majhno

ming/an

svetlo / temno

xiong di/jie mei

brat / sestra

gan jing/ang zang

čisto / umazano

wan zheng/que shi

popolno / nepopolno

bai tian/wan shang

dan / noč

si/sheng

mrtvo / živo

kuan/zhai

široko / ozko

ke shi yong/fei shi yong

užitno / neužitno

xie e/shan liang

zlobno / prijazno

xing fen/wu liao

vznemirjeno / zdolgočaseno

pang/shou

debelo / vitko

di yi/zui hou

prvo / zadnje

peng you/di ren

prijatelj / sovražnik

man/kong

polno / prazno

ying/ruan

trdo / mehko

zhong/qing

težko / lahko

e/ke

lakota / žeja

sheng bing/jian kang

bolano / zdravo

fei fa/he fa

nezakonito / zakonito

cong ming/yu ben

pametno / neumno

zuo/you

levo / desno

jin/yuan

blizu / daleč

xin/jiu

novo / rabljeno

mei you/you xie

nič / nekaj

lao/you

staro / mlado

kai/guan

vklopljeno / izklopljeno

da kai/he shang

odprto / zaprto

an jing/chao nao

tiho / glasno

fu/qiong

bogato / revno

dui/cuo

prav / narobe

cu cao/guang hua

grobo / gladko

shang xin/gao xing

žalostno / veselo

duan/chang

kratko / dolgo

man/kuai

počasi / hitro

shi/gan

mokro / suho

wen nuan/liang shuang

toplo / hladno

zhan zheng/he ping

vojna / mir

0

ling

Ničla

1

yi

Ena

2

er

Dva

3

san

Tri

4

si

Štiri

5

wu

Pet

6

liu

Šest

7

qi

Sedem

8

ba

Osem

9

jiu

Devet

10

shi

Deset

11

shi yi

Enajst

12

shi er

Dvanajst

13

shi san

Trinajst

14

shi si

Štirinajst

15

shi wu

Petnajst

16

shi liu

Šestnajst

17

shi qi

Sedemnajst

18

shi ba

Osemnajst

19

shi jiu

Devetnajst

20

er shi

Dvajset

100

bai

Sto

1.000

qian

Tisoč

1.000.000

bai wan

Milijon

ying yu

Angleščina

mei shi ying yu

Ameriška angleščina

pu tong hua

Mandarinščina

yin di yu

Hindujščina

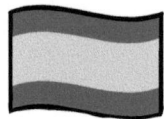

xi ban ya yu

Španščina

fa yu

Francoščina

a la bo yu

Arabščina

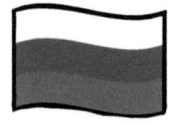

e yu

Ruščina

pu tao ya yu

Portugalščina

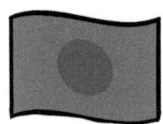

feng jia la yu

Bengalščina

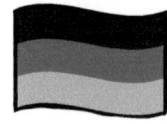

de yu

Nemščina

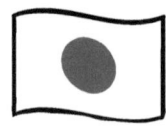

ri yu

Japonščina

wo

Jaz

ni

Ti

ta/ta/ta

On / ona / tisto

wo men

Mi

ni men

Vi

ta men

Oni

shei?

Kdo?

shen me?

Kaj?

zen yang?

Kako?

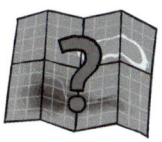

na li?

Kje?

shen me shi hou?

Kdaj?

ming zi

Ime

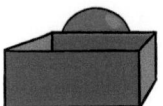

hou mian

Zadaj

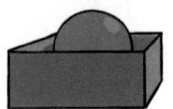

li mian

V

qian mian

Pred

shang fang

Nad

shang mian

Na

xia mian

Pod

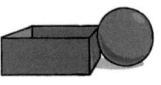

pang bian

Poleg

zhong jian

Med

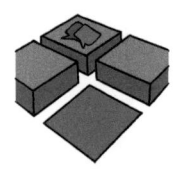

di dian

Kraj